Henrike Wilson

Das kleine Nein-Schwein

Für Valerie und Cataleya

von Herzen, Henrike

Henrike Wilson

Das kleine Nein-Schwein

Hanser

»Aufstehen, kleines Ferkel!«, ruft Mama liebevoll –
wie an jedem Morgen.

»Nein«, grummelt Ferkel.

Ferkel will nicht aufstehen.

Ferkel ist müde, und das Bett ist warm und gemütlich.

»Ferkel, aufstehen, waschen!«

»Nein, ich mag nicht!«, mault Ferkel und zieht sich die Decke über den Kopf.

Ferkel will einfach nur liegen bleiben.

»Gesicht waschen! Zähne putzen!«, sagt Mama
langsam ungeduldig.

»Ich will aber nicht, nein!«

»Hast du mal wieder deinen Nein-Tag?«, fragt Mama.

»Iss deinen Brei, Ferkel, sonst hast du später Hunger!«

»Nein!«, nörgelt Ferkel. »Ich hasse Brei.

Und mit Erdbeeren ganz besonders.«

»Verflixt! Los jetzt, Ferkel. Wir kommen viel zu spät!« Mama ist genervt.

»Ich will aber nicht los!«, protestiert Ferkel.

»Nein!«

»Ferkel, zieh Regenjacke und Gummistiefel an, es ist nass draußen.

Und vergiss deinen Helm nicht!«, ruft Mama.

»Nein!«, brüllt Ferkel. »Ich will nicht aufstehen,

ich will mich nicht waschen, nicht Zähne putzen,

und ich will mich nicht anziehen!

Und ich will nicht los!«

Mama weiß sich keinen Rat mehr.

»Dann kommst du eben so mit!«, erwidert sie.

»Und den Helm ziehst du an und damit Schluss!«

»Nein! Nein! Nein!«

Ferkel heult und tobt und fuchtelt wild

mit Armen und Beinen.

Ohne ein Wort fährt Mama los. Der Wind weht stark,

und es fängt an zu regnen. Ferkel wird ganz nass. Blöd, denkt Ferkel,

hätte ich doch bloß meine Regenjacke und meine Gummistiefel an.

Der Regen peitscht Ferkel ins Gesicht.

Mama und Ferkel kommen im Kindergarten an.

Natürlich zu spät, viel zu spät.

Mama setzt Ferkel ab und eilt aus der Tür.

Das Frühstück ist längst vorbei. Alle Kinder spielen schon.

Ferkel hat plötzlich Hunger. Hätte ich doch meinen Brei gegessen,
denkt Ferkel.

Nun sitzt Ferkel da. Es hat keine Lust, mit den anderen zu spielen.

Es ist hungrig und ihm ist kalt. Und traurig ist es auch.

Mama ist einfach gegangen. Ohne einen Abschiedskuss.

Ferkel wünscht sich nichts mehr, als dass sie bald wiederkommt.

Aber der Tag ist lang.

Sehr lang, findet Ferkel.

Und das findet Mama auch.

Endlich, da ist sie!

Sie nimmt Ferkel in den Arm und hält es ganz, ganz fest.

Und das ist alles, was Ferkel braucht.

Am Abend, als Mama Ferkel ins Bett bringt, ist alles wieder gut.

»Und«, fragt Mama, »wird morgen wieder ein Nein-Tag?«

Ferkel überlegt kurz, dann ruft es:

»Nein!«

Henrike Wilson, 1961 in Köln geboren, studierte dort und in den USA Grafikdesign und Malerei. Heute lebt sie als freie Illustratorin in Berlin. Sie hat die Bilderbücher vom *Kleinen Weihnachtsmann*, vom *Schaf Charlotte* und von der *Kleinen Schusselhexe* (Texte von Anu Stohner) gemalt. Zuletzt illustrierte sie für Hanser die Gutenachtgeschichten von David Grossman *Giraffe und dann ab ins Bett*.

3. Auflage 2022

ISBN 978-3-446-26823-4

© 2021 Carl Hanser Verlag GmbH & Co. KG, München

Umschlag: Stefanie Schelleis, München

unter Verwendung einer Illustration von Henrike Wilson

Lettering: Arabella Funk

Satz im Verlag

Druck und Bindung: TBB, a. s., Banská Bystrica

Printed in Slovak Republic